Inhalt

"Halloween im Pharmavertrieb" - Aktuelle Veränderungen lösen Unbehagen bei Marktteilnehmern aus

Kernthesen

Beitrag

Fallbeispiele

Zahlen und Fakten

Weiterführende Literatur

Impressum

"Halloween im Pharmavertrieb" - Aktuelle Veränderungen lösen Unbehagen bei Marktteilnehmern aus

Autor GENIOS BranchenWissen: A.Schneider

Kernthesen

- Die global agierenden Arzneimittelhersteller vertreiben ihre Produkte zunehmend direkt an Apotheken, Krankenhäuser und Ärzte. Die Rolle des Großhandels verändert sich.
- Die Krankenkassen wollen durch Rabattverträge mit den Herstellern von Generika und zunehmend auch

Originalpräparaten ihre hohen Arzneimittelausgaben deutlich senken. Der Markt ist verunsichert.
- Pharmagroßhändler, Drogeriemärkte und Lebensmittelkonzerne rüsten sich für die Liberalisierung des Apothekenmarktes. Branchenkenner rechnen damit, dass jede dritte der rund 21 500 deutschen Apotheken über kurz oder lang vom Markt verschwinden wird.

Beitrag

Schreckgespenster gehen im Pharmavertrieb um. Pharmagroßhändler fühlen sich durch das Direktvertriebsmodell der Hersteller bedroht, nicht zum Zuge gekommene Hersteller durch Rabattverträge, Apotheken durch Großhändler, Drogeriemärkte und Lebensmittelhändler und Ärzte-Außendienstler durch den Wegfall ihrer Stelle.

Direktbelieferung von Apotheken setzt Großhandel unter Margendruck

Vom Hersteller über den Großhandel zum Einzelhandel bzw. Kunden diese traditionelle Lieferkette wird sich wohl auch im Vertrieb pharmazeutischer Produkte zunehmend ändern. Mehr und mehr gehen die global agierenden Arzneimittelhersteller dazu über, ihre Produkte direkt an Apotheken, Krankenhäuser und Ärzte zu vertreiben. Die Vorteile: das Produkteigentum geht direkt vom Hersteller auf den Apotheker über und das Risiko, dass Arzneimittelfälschungen in die Apotheke gelangen, sinkt.

Die internationale Strategie- und Technologieberatung Booz Allen Hamilton schätzt, dass mehr als die Hälfte der heute über den Großhandel vertriebenen Pharmazeutika mittel- bis langfristig direkt von den Herstellern an die Apotheken vertrieben wird. Heute werden 75 Prozent des Pharmaumsatzes über den Großhandel gemacht, bald könnten es nur noch 40 Prozent sein. Ohnehin haben die Hersteller seit 1999 mit 16 Prozent am Arzneimittelmarkt den Anteil der Direktbelieferung verdoppelt.

Direct-to-Pharmacy (DTP) nennt sich diese Strategie, die in Amerika und Großbritannien bereits weitgehend etabliert ist. Der Großhandel wird zunehmend zum reinen Distributionsdienstleister", der nach erbrachter Leistung und nicht mehr proportional zum bewegten Umsatzvolumen entlohnt wird. Die Logistik muss perfekt sein, Produktkenntnisse und Marketing-Know how hingegen werden nicht mehr wie bisher erforderlich sein. (1)

Die Großhändler sind nicht begeistert über die neuen Entwicklungen. Sie würden lieber ihrer Rolle als Händler und Lagerist behalten, der den Warenfluss vom Hersteller zum Endabnehmer koordiniert, überwacht und dabei Zusatzdienste für die Apotheke wie eine Rechnungsstellung für alle Produkte anbietet. Nun beklagen sie ihre schrumpfenden Margen und warnen davor, dass die Versorgung der Apotheken mit Medikamenten gefährdet sei. Vor allem die schnelle Versorgung mit Spezialpräparaten könnte dann nicht mehr garantiert werden. (2) Die größten Pharmagroßhändler in Deutschland sind Phoenix, die Celesio-Tochtergesellschaft Gehe und Anzag. Sie machen mehr als die Hälfte des Branchenumsatzes von 21 Milliarden Euro im Jahr.

Ein wesentlicher Motivator für diese Änderung im Vertriebsmodell dürften die Rabattverträge sein.

Rabattverträge

Ein deutlicher Umbruch im Pharmavertrieb hat seit April dieses Jahres mit den so genannten Rabattverträgen eingesetzt. Apotheker dürfen bei Vorlage eines Rezeptes nur Präparate abgeben, für die die Krankenkasse des Versicherten einen Rabattvertrag mit dem Hersteller abgeschlossen hat. Dies gilt bisher für den Generikamarkt. Branchenkenner gehen allerdings davon aus, dass bald auch Rabattverträge für patentgeschützte Originalpräparate ausgehandelt werden. Inzwischen haben sich die Fälle herumgesprochen, in denen der Arzt ein bestimmtes, dem Patienten wohl vertrautes Medikament aufschreibt, die Apotheke aber dann nur ein anderes aushändigen darf. Dieses andere Medikament ist zwar wirkstoffgleich, aber anders verpackt und von einem anderen Herstellers.

In der Regel machen die Kassen Verträge mit zwei oder drei verschiedenen Herstellern für ein Produkt. Für diese Hersteller heißt dies, dass sie wegen der ausgehandelten Rabatte zwar geringere Preise je Präparat erhalten (Preisabschläge bis zu einem guten Drittel), dies aber durch die erheblich höheren Mengen ausgeglichen wird. Die Krankenkassen wollen dadurch ihre hohen Arzneimittelausgaben von zuletzt rund 26 Milliarden Euro senken. Die zum Zuge gekommenen Generikaanbieter frohlocken. Stada beispielsweise hat seinen deutschen Marktanteil am Generikamarkt, der im dritten Quartal 2005 noch bei

8 Prozent lag, auf fast 11 Prozent erhöht.

Der Markt hat sich noch keineswegs an dieses neue Gebaren gewöhnt. Immer wieder knirscht es und hagelt es Stolpersteine und Einsprüche: Lieferschwierigkeiten aufgrund zu hoher Nachfrage nach bestimmten Medikamenten kleinerer Hersteller, Mängel im Ausschreibungsverfahren, Beschwerden der nicht zum Zuge gekommenen Herstellerfirmen, Streit darüber, ob Krankenkassen öffentliche Auftraggeber sind und sich damit ihre Rabatte EU-weit ausschreiben müssen oder nicht etc. So hat jetzt beispielsweise die Vergabekammer Düsseldorf Rabattverträge der AOK Baden-Württemberg für 39 Wirkstoffe vorerst auf Eis gelegt. Die AOK kündigte umgehend Klage gegen die Entscheidung beim Oberlandesgericht Düsseldorf an. (3), (4), (5)

Drogerien warten auf Liberalisierung des Apothekenmarktes

Die Drogeriemärkte warten auf die Liberalisierung des Apothekenmarktes. Bislang gilt das Mehr- und Fremdbesitzverbot, wonach Apotheker nur persönlich und eigenverantwortlich maximal vier Apotheken besitzen und leiten dürfen, Firmen ist dies verboten. Diese Regelung könnte schon 2008 vom Europäischen Gerichtshof gekippt werden. Dann wäre der rund 35 Milliarden Euro starke deutsche Apothekenmarkt freigegeben für Drogeriemärkte, Lebensmittelkonzerne und Pharmagroßhändler. Diese stehen bereits in den Startlöchern. Schlecker, dm, Rossmann & Co. haben sich in den vergangenen Monaten auf das Geschäft mit den Arzneimitteln vorbereitet. Marketingkooperationen, Service-Points für Medikamente, Franchise-Systeme die Drogeriebranche rüstet sich für das große Geschäft mit dem Verkauf von Medikamenten. Der Stuttgarter Pharmagroßhändler Celesio hat den Versandhändler Doc Morris erworben, der intensiv am Aufbau einer Apotheken-Franchiseorganisation in Deutschland arbeitet. Und auch der Lebensmitteleinzelhandel schwimmt auf der Gesundheitswelle. Convenience Food, Functional Food und Bio-Produkte sind selbstverständlich im Supermarkt zu finden und werden auch von den Discountern angeboten. Wellfood lautete der neue Trend auf der letzten großen Lebensmittelmesse. Alles, was gesund ist, vom probiotischen Joghurt über das Bio-Sortiment an Obst und Gemüse bis zum ökologischen Müsli, Schokoriegel, Ahornsirup und Nudelsortiment, findet sich längst in den Regalen.

Die Apotheken hinken hinterher. Sie ahnen, was

ihnen bevorsteht. Viele rüsten sich für den Überlebenskampf. Sie schließen ihrerseits Marketingkooperationen, wobei häufig ein Großhändler an Bord ist. Dieser ist tonangebend in Sachen einheitlicher Vertriebskonzepte und schlagkräftiger Verkaufsstrategien. Manche Branchenkenner bezweifeln, dass es viel helfen wird. Sie rechnen damit, dass jede dritte der rund 21 500 deutschen Apotheken über kurz oder lang vom Markt verschwinden wird.

Stellenabbau

Viele großen Pharmahersteller haben inzwischen Sparmaßnahmen in Angriff genommen, die einen deutlichen Stellenabbau im Vertrieb mit sich bringen. Vorreiter war Marktführer Pfizer, es folgte Merck & Co. Seither geht es Schlag auf Schlag: Mit ähnlichen Botschaften gingen jetzt auch der britische Konzern Glaxo SmithKline, Europas Nr. 1 und Weltranglistenzweiter, sowie Astra Zeneca, Novartis, Amgen und Stada an die Presse. Zum Opfer fällt vorrangig der Ärzte-Außendienst, der jahrelang draußen auf den Straßen zu den Arztpraxen unterwegs war, um den Ärzten die Vorteile der eigenen Medikamente nahe zu bringen. In Zeiten zunehmender Rabattverträge ist das zu teuer und bringt nichts. Außerdem gehen bei vielen Herstellern die Umsätze deutlich zurück. Bisher umsatztragende Produkte verlieren ihren Patentschutz, die Generikakonkurrenz hat massiv zum Angriff geblasen, neue Medikamente fehlen oder werden verzögert zugelassen, die Zahl der Arzneimittelrückrufe mehrt sich.

Fazit

Aus Kundenperspektive erscheinen die Veränderungen im Pharmavertrieb bewältigbar. Die meisten Kunden dürften durchaus die notwendige Flexibilität haben, wirkstoffgleiche Arzneimittel eines anderen Herstellers zu akzeptieren, auch wenn die Verpackung anders ist. Wenn die Ärzte weniger Besuch von Pharmareferenten haben und damit mehr Zeit für die Patienten, ist das ebenfalls gut. Und die Hoffnung auf zumindest nicht weiter steigende Krankenkassenbeiträge infolge sinkender Arzneimittelkosten wollen wir zumindest nicht ganz aufgeben.

Fallbeispiele

Die **Allgemeinen Ortskrankenkasse (AOK)** haben im Frühjahr 2007 erstmals einen Rabattvertrag für alle 16 AOK-Landesverbände und somit für 37 Prozent aller gesetzlich Versicherten geschlossen. Diese Verträge umfassen 42 Präparate. Allein für das zweite Quartal bezifferte die AOK die Einsparungen durch die Rabattverträge auf 30 Millionen Euro, im gesamten Jahr soll sogar ein dreistelliger Millionenbetrag erreicht werden.Erste Rabattverträge wurden auch zwischen Originalherstellern und gesetzlichen Krankenkassen geschlossen. Beispiele: Johnson & Johnson (J & J) mit der AOK Nordrhein/Hamburg für das patentgeschützte Medikament Risperdal zur Behandlung von Schizophrenie, Novartis verhandelt eigenen Angaben zufolge mit zahlreichen Kassen über einen Rabatt für das patentgeschützte Präparat Lucentis zur Augenbehandlung, Vertrag zwischen Sanofi-Aventis und der Gmünder Ersatzkasse. (5), (6)

dm

, in Deutschland zweitgrößte Drogeriekette nach Schlecker, rüstet sich für das Apothekengeschäft. Sie hat ihre Kooperation mit dem Arzneimittel-Versandhändler Europa Apotheek erweitert und will künftig in 80 Filialen in Nordrhein-Westfalen Ausgabestellen für verschreibungspflichtige Medikamente einrichten. (7)

Edeka

, Deutschlands größter Lebensmittelhändler, beschäftigt allein in seiner größten Regionalgesellschaft Minden-Hannover 200 Ernährungsberater, die die Kundschaft beim Einkauf unterstützen. In den USA lässt **Wal-Mart** seine Kunden von jungen Ärzten beraten, die auch Medikamente verkaufen und auf Wunsch Injektionen setzen. (8)

Glaxo SmithKline

will bei seiner rund 102 000 Mitarbeiter starken Belegschaft mehrere Tausend Arbeitsplätze abbauen. Bis 2010 will der britische Konzern rund eine Milliarde Euro an laufenden Kosten einsparen. Dies verkündete der zweitgrößte Arzneimittelhersteller anlässlich der enttäuschenden Zahlen für das vergangene Quartal.

(9)

Stada

streicht 230 Stellen und baut seinen kompletten Außendienst für Arztbesuche ab. Übrig bleiben noch 40 Arbeitsplätze im Außendienst für die Apotheken. (10)

Bei **Novartis** rechnet man damit, dass die Zahl der rund 6 000 Außendienstmitarbeiter in den USA deutlich reduziert wird, nachdem die amerikanische Gesundheitsbehörde FDA die Zulassung für das entzündungshemmende Medikament Prexige auf dem US-Markt verweigert hat. (11)

Zahlen & Fakten

- Die Belieferung der 21 500 deutschen Apotheken übernehmen weitgehend 16 Großhandelsunternehmen.

- Die Großhändler erhalten ihre Waren von 1 500 Arzneimittelherstellern und -importeuren.

- Mit Sortieren, Kommissionieren, Verpacken und

Versenden beschäftigen die Großhändler 21 000 Menschen.

- An 110 Standorten werden 60 000 Arzneimittel und weitere 30 000 medizinische Produkte gelagert und bei Bedarf mehrmals täglich und auch am Wochenende ausgeliefert. (2)

- Heute werden 75 Prozent des Pharmaumsatzes über den Großhandel gemacht, bald könnten es nur noch 40 Prozent sein.

- Seit 1999 haben die Hersteller mit 16 Prozent am Arzneimittelmarkt den Anteil der Direktbelieferung verdoppelt.

- Bislang haben die Kassen rund 7 500 Rabattverträge mit 62 Arzneimittelherstellern über 20 500 Arzneimittel abgeschlossen. Damit werden bereits 18 Prozent des Marktes der rezeptpflichtigen Medikamente durch Rabattverträge erfasst.

- Berücksichtigt man auch die 83 weiteren Wirkstoffe, für die die AOK seit Ende September an Rabattverträgen arbeitet, gibt es für 40 Prozent der Arzneimittel, die zu Lasten der gesetzlichen Kassen verordnet werden, und für 60 Prozent der verordnungsfähigen Generika Rabattverträge. (4)

Weiterführende Literatur

(1) O.V., Pharmakonzerne wollen Vertriebskanäle in Europa zu Lasten der Großhändler umbauen. Eigenanteil des Großhandels an pharmazeutischer Distribution sinkt von 75% auf 40%, Bionity.COM News
aus <Medizin> MEZ

(2) Pharmagroßhandel sieht Versorgung der Apotheken gefährdet
aus Frankfurter Allgemeine Zeitung, 29.09.2007, Nr. 227, S. 15

(3) AOK-Rabattverträge mit der Pharmaindustrie liegen auf Eis
aus Handelsblatt Nr. 218 vom 12.11.07 Seite 4

(4) Kassen-Rabattverträgen droht das Aus
aus Handelsblatt Nr. 205 vom 24.10.07 Seite 4

(5) Kopiert und rabbatiert
aus Frankfurter Allgemeine Zeitung, 23.08.2007, Nr. 195, S. 16

(6) Pharma-Rabatte auf breiter Front Auch erste Hersteller patentgeschützter Arzneimittel räumen Krankenkassen Nachlässe ein · Preisdruck auf Nachahmerprodukte erwartet
aus Financial Times Deutschland vom 18.09.2007, Seite 8

(7) DM drängt in den Pharmahandel
aus Handelsblatt Nr. 167 vom 30.08.07 Seite 11

(8) Apotheker ignorieren den Boom
aus Handelsblatt Nr. 159 vom 20.08.07 Seite 11

(9) Pharmakonzern Glaxo tritt auf die Bremse
aus Handelsblatt Nr. 206 vom 25.10.07 Seite 21

(10) Stada fährt Werbeaufwand bei Ärzten drastisch zurück Reaktion auf sinkenden Einfluss der Mediziner
aus Financial Times Deutschland vom 01.10.2007, Seite 7

(11) Rückschlag für Novartis
aus Süddeutsche Zeitung, 28.09.2007, Ausgabe Deutschland, Bayern, München, S. 23

Impressum

"Halloween im Pharmavertrieb" - Aktuelle Veränderungen lösen Unbehagen bei Marktteilnehmern aus

Bibliografische Information der deutschen Nationalbibliothek

Die Deutsche Nationalbibliothek verzeichnet diese Publikation in der deutschen Nationalbibliografie; detaillierte bibliografische Daten sind im Internet über http://dnb.d-nb.de abrufbar.

ISBN: 978-3-7379-2741-3

© 2015 GBI-Genios Deutsche Wirtschaftsdatenbank GmbH, Freischützstraße 96, 81927 München, www.genios.de

Alle Rechte vorbehalten. Dieses Werk ist einschließlich aller seiner Teile – z.B. Texte, Tabellen und Grafiken - urheberrechtlich geschützt. Jede Verwertung außerhalb der Grenzen des Urheberrechtsgesetzes bedarf der vorherigen Zustimmung des Verlags. Dies gilt insbesondere auch für auszugsweise Nachdrucke, fotomechanische Vervielfältigungen (Fotokopie/Mikroskopie), Übersetzungen, Auswertungen durch Datenbanken oder ähnliche Einrichtungen und die Einspeicherung und Verarbeitung in elektronischen Systemen.